WITHDRAWN

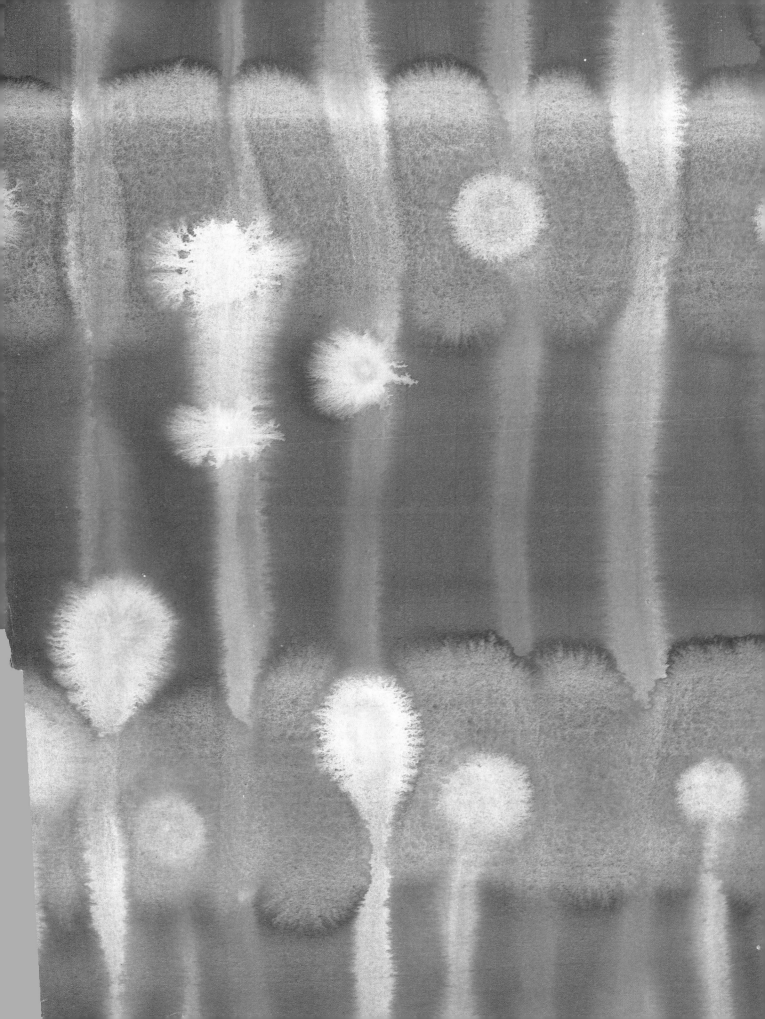

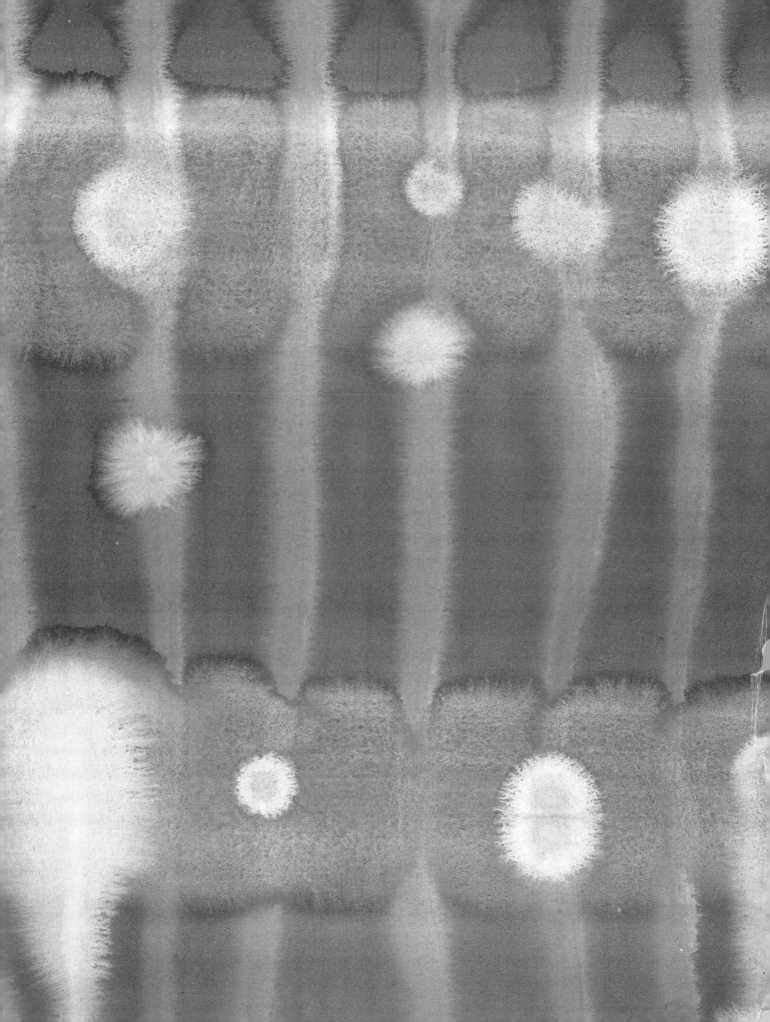

Originally published as: *Antarctica*

No part of this publication may be reproduced in whole or in part, or stored in a
retrieval system, or transmitted in any form or by any means, electronic, mechanical,
photocopying, recording, or otherwise, without written permission of the publisher.
For information regarding permission, write to Farrar, Straus and Giroux,
19 Union Square West, New York, NY 10003.

Copyright © 1990 by Helen Cowcher.
Spanish translation copyright © 1993 by Farrar, Straus and Giroux.
All rights reserved. Published by Scholastic Inc., 555 Broadway,
New York, NY 10012, by arrangement with Farrar, Straus and Giroux.
An earlier Spanish edition was published by Integral/Oasis, Barcelona, Spain.
Printed in the U.S.A.
ISBN 0-590-90500-7

4 5 6 7 8 9 10   08   03 02 01 00 99 98 97

ANTÁRTIDA

HELEN COWCHER

Traducido al español por Rita Guibert

SCHOLASTIC INC.

New York   Toronto   London   Auckland   Sydney

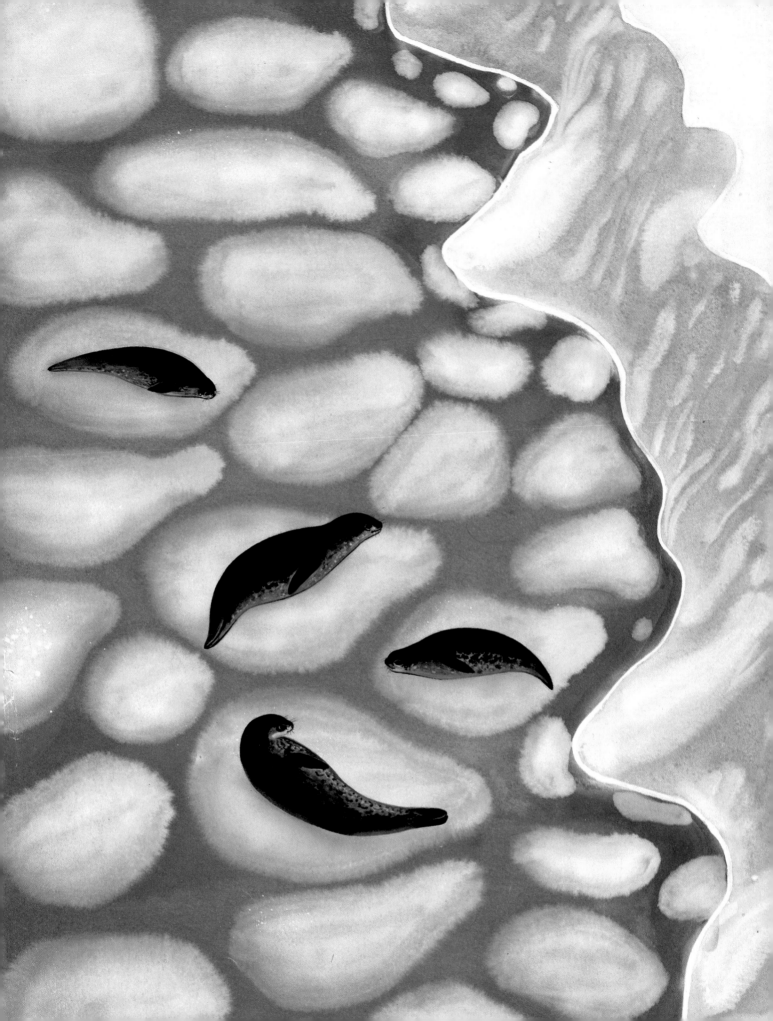

En el lejano y frío sur, en la
Antártida, viven los pingüinos
emperadores, las focas Weddell y los
pingüinos Adelaida.

La hembra del pingüino emperador
pone su huevo en el invierno,
cuando está oscuro de día y de noche.
Luego se va al mar para alimentarse.
Durante su ausencia, su pareja anida
cuidadosamente el huevo sobre sus
patas durante dos meses.

Él se apiña con sus amigos en un círculo muy cerrado, protegiéndose contra las heladas tormentas invernales.

Mientras tanto, su pareja se alimenta en el mar...

...en donde acecha el peligro.

¡Una feroz foca leopardo!

Esta vez la suerte acompaña al pingüino emperador. Ella sale ilesa del agua y regresa pesadamente a su criadero.

Ahí hay una gran conmoción porque su
polluelo acaba de salir del cascarón.

Pero el emperador macho está débil y
hambriento. Ahora es su turno de ir
al mar para alimentarse.

Finalmente en la primavera
vuelve a brillar el sol en el
cielo antártico. Una foca
Weddell se trepa sobre el hielo
para tener su cría.

También han venido al hielo los pingüinos Adelaida. En su largo viaje a la costa rocosa donde depositarán sus huevos, dejan atrás a los polluelos emperadores.

Los Adelaida construyen sus nidos
con guijarros. Se turnan para dar
calor a los huevos hasta que los
polluelos rompen su cascarón.

Justo detrás del nidal, unos hombres
construyeron un campamento.

De repente, los Adelaida
oyen un zumbido
aterrador. ¡Helicópteros!
Atemorizados, se van,
abandonando a sus
huevos.

¡Las gaviotas pardas se abalanzan
para darse un festín!

26

Aterrados por los helicópteros,
los Adelaida no anidarán aquí nunca más.

Los emperadores también están intranquilos. Oyeron estruendosas explosiones y vieron cómo saltaban al aire rocas y trozos de hielo.

Mar adentro, resuenan cantos angustiosos. Las focas Weddell advierten a sus amigos bajo el hielo. Muy cerca, los cascos de acero se abren paso a través del témpano del hielo, golpeando, crujiendo, retumbando.

Los pingüinos y las focas siempre compartieron su mundo con antiguos enemigos: las gaviotas pardas y las focas leopardo. Pero estos recién llegados son más peligrosos. Las focas y los pingüinos no pueden determinar todavía si habrán de compartir o destruir su hermosa Antártida...

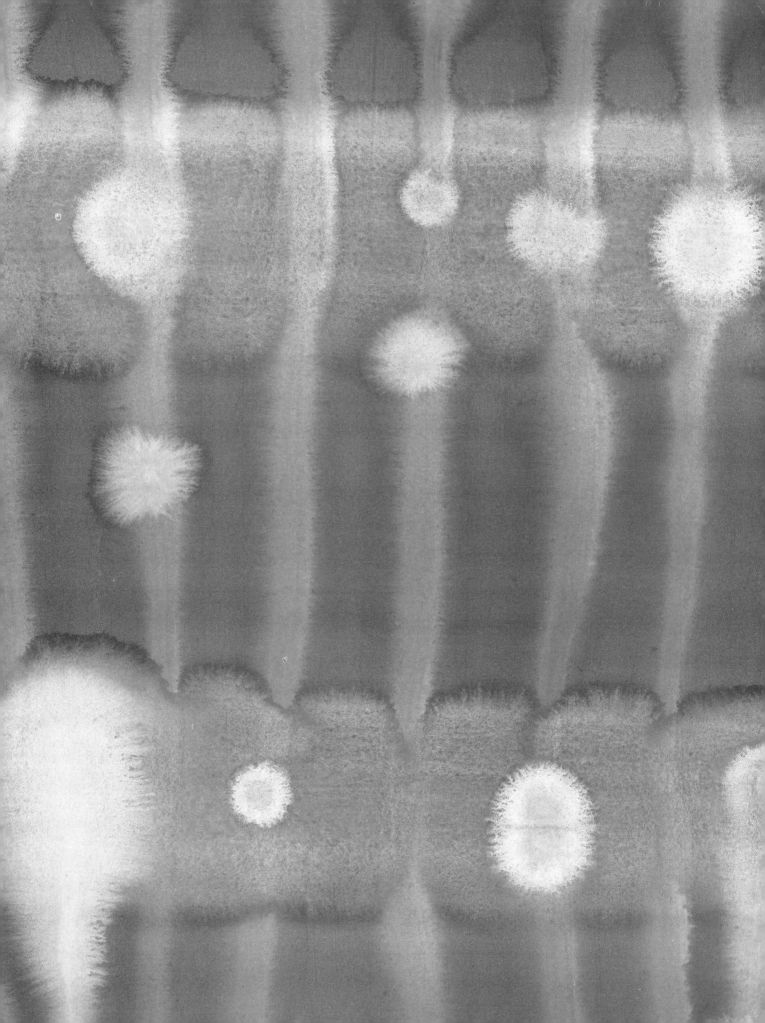